AF283918

30

FEDERICO
GARCÍA LORCA

Mi alma no cabe en mí

TASCABILI

altamarea

Primera edición en esta colección: noviembre de 2025
Segunda edición: enero de 2026

© de la presente edición: Altamarea Edición de Libros S. L.
altamarea.es
altamarea@altamarea.es

Fotografía p. 6: Federico García Lorca en un patio de la
Alhambra de Granada, c. 1922
Dibujo p. 100: Federico García Lorca, *El ojo,* c. 1929
Dibujo p. 101: Federico García Lorca, *Autorretrato con animal
fabuloso en negro,* c. 1930

Diseño de la colección: Sara Maroto Hebrero
Corrección: Lucía Gómez Jimeno, Cristina Herrera Barreiro,
Nora Sukia Zabala

ISBN: 978-84-10435-75-9
DL: M-22160-2025

Impreso en España por Estugraf en enero de 2026

FEDERICO
GARCÍA LORCA

11,90

Mi alma no cabe en mí

Epílogo de
Mario Obrero

Autobiografía

MI PUEBLO

Cuando yo era niño vivía en un pueblecito muy callado y oloroso de la vega de Granada. Todo lo que en él ocurría y todos sus sentires pasan hoy por mí, velados por la nostalgia de la niñez y por el tiempo. Yo quiero decir lo que sentía de su vida y de sus leyendas. Yo quiero expresar lo que pasó por mí a través de otro temperamento. Yo ansío referir las lejanas modulaciones de mi otro corazón. Esto que yo hago es puro sentimiento y vago recuerdo de mi alma de cristal… Todas las figuras que desfilen por estas hojas desabridas, unas habrán muerto, otras están ya transformadas y el pueblo es otro completamente distinto… El monstruo de la política le quitó su virginidad y su luz. En ese pueblo yo nací y se despertó mi corazón. En ese pueblo tuve mi primer ensueño de lejanías. En ese pueblo yo seré tierra y flores… Sus calles, sus gentes, sus costumbres, su poesía y su maldad serán como el andamio donde anidarán mis ideas de niño, fundidas en el crisol de la pubertad. Oíd…

El caserío es pequeño y blanco y está todo besado de humedad. El agua de los ríos al evaporarse le cubre de gasas frías en las mañanas, tan de plata y níquel, que cuando sale el sol desde lejos parece una gran piedra preciosa. Luego, a mediodía, las nieblas se disipan y se le ve dormido sobre una manta de verdor. La torre de la iglesia es tan baja que no sobresale del caserío y cuando suenan las campanas parece que lo hacen desde el corazón de la tierra. Está rodeado de chopos que se ríen, cantan y son palacios de pájaros y de sauces y zarzales que en el verano dan frutos dulces y peligrosos de coger. Al aproximarse hay gran olor de hinojos y apio silvestre que viven en las acequias besando al agua. En verano el olor es de paja que en las noches, con la luna, las estrellas, y los rosales en flor, forman una esencia divina que hace pensar en el espíritu que la formó. En esas noches las mozas suspiran pensando en los ojos que serán luz de su vida. En esas noches los hombres sienten más los bordoneos sangrientos de una guitarra. En esas noches las viejas sentadas en sus puertas cuchichean historias pasadas y aconsejan a alguna muchacha en su amor. En el invierno los chopos están sin voces y el olor es de agua estancada y de paja quemada en los hogares…

El pueblo está formado por una gran plaza bordada con bancos y álamos y varias callejas oscuras y miedosas en las que el invierno pone los fantasmas y las marimantas. La plaza es alargada y en un lado está la iglesia con sus frisos de nidos y avisperos. En la puerta hay una cruz de madera como un farol cubierto de telarañas, cercada de laureles y enredaderas. Coronando la fachada está la Virgen de las Paridas con su niño en brazos, carcomida por la humedad y cargada de exvotos y medallas. Las gentes le tienen mucha fe y cuando alguna mujer está sacrificada por el peso augusto de una vida futura, va y reza delante de la estatua para que aquella vida salga a la luz sin llevársela a la eternidad. Enfrente de la iglesia está la casa donde yo nací. Es grande, pesada, majestuosa en su vejez… Tiene un escudo en el portalón y unas rejas que suenan a campanas. Cuando niño, mis amiguitos y yo tocábamos en ellas con una barra de hierro y su sonar nos volvía locos de alegría y simulábamos tocar a fuego, a muerto y a bautizos… Por dentro la casa es fea y baja. En sus balcones las niñas de la enseñanza decían versos y cantares cuando pasaba la Virgen del Amor Hermoso, y yo era rey con una bengala en la mano… Las demás casas de la plaza son bajas y hondas. En ellas dormí en brazos cálidos de mozuelas durante la hora de la siesta y muchas veces comí las santas migas de maíz sentado alrededor de la sartén y acariciado por las gentes que las vivían [*sic*]. La plaza siempre está muda; únicamente el eterno cantar de la fuente turba su silencio religioso… La fuente es baja y tiene cuatro sonidos de agua fresca y pura. Por las tardes las mozuelas, muy compuestas y con manojos de flores en el pecho, van por agua con el cántaro a la cintura. Casi todas son robustas y encarnadas y llevan pañuelos de colores brillantes en el cuello. Sus manos las tienen encallecidas y sus pies son deformes por las grandes caminatas a través de los campos en busca de espigas. A puestas del sol, la fuente se cubre de risas y de cantos que apagan el hablar solemne del agua y las mozuelas son la alegría y el encanto de la muerta plaza. Pero cuando llega la noche la fuente canta más alto y el aire tiene un extraño temblor de misterio. Las puertas se van cerrando una a una y si alguien cruza sus pasos suenan como si anduviera violento sobre el agua de un aljibe… Todas las casas son iguales y con igual ajuar. Todas las pasiones son iguales. Todos los días son del mismo color… El sonido matinal del pueblo es de sonar campanillas y relinchar potros; el de la tarde es de risas de mujeres y cantar de niñas; y el de la noche es de tremolar de grillos y girar de puertas. La fuente es sonido eterno. En la plaza hay un prado donde las mujeres tienden la inmaculada ropa al sol y donde los chiquillos se revuelven como potrillos salvajes al salir de la escuela. En la primavera se cubre de margaritas, que son pasto delicioso de gallinas y lechones, y cuando el sol llena de luz y calor el pueblo, se ve invadido de una legión de niñas que hacen rondones y de niños que juegan al salto de la muerte. Las demás calles del lugar son estrechas, pendientes y sombrías… En una de esas calles hay una reja que fue guardiana de un gran amor y que después presenció una gran tragedia… Mi madre, al pasar por allí, me contaba la historia. Era una muchacha que estaba locamente enamorada de dos a la vez y que a los dos correspondía con su afecto. Hasta que un día uno de los amantes se enteró de lo que pasaba y en abril de un año ya lejano, la noche del Viernes Santo y cuando pasaba por allí la procesión de la Dolorosa, ella se asomó para verla pasar y él, abrazado a la reja donde tanto había gozado, se atravesó el corazón con un puñal… Siempre que transitaba por esa calle, aquella ventana tenía un misterio y un encanto trágico que me hacía pensar en el fuerte enamoramiento de aquel desdichado y nobilísimo.

Las leyendas que guarda el poblado son todas vulgares, pero de una vulgaridad infantil y honrada. Hombres que se mataron, muchachas que murieron consumidas de amor, galanes que robaron en noches de arrebato para huir con sus novias… Todo esto es lo que cuentan las viejas que saben de la historia del pueblo. Yo lo escuchaba antes con verdadero placer y sufría con los que en esas leyendas sufrían y que en ellas hacían sufrir, porque odiaba a los que tenían el corazón de piedra… Hoy todo aquello pasó. Hoy mi alma siente ya otras cosas más complicadas. Hoy de niño campesino me he convertido en señorito de ciudad… pero nunca olvido el pueblo y por eso escribo mis antiguos sentires, que eran perfumados por los habares en flor y por las noches oscuras del invierno.

Mi escuela

Apenas salía el sol ya sentía yo en mi casa el trajín de la labor y las pisadas fuertes de los gañanes en el patio. Entre sueños percibía el sonar de balidos de oveja y el ordeñar cálido de las vacas… Algunas veces un frufrú de faldas muy suave… Era mi madre que vigilaba amorosa nuestro sueño. Después entraba mi padre en el cuarto y nos besaba con cariño muy despacio y aguantando la respiración como si no quisiera despertarnos. Mis hermanos menores se movían inquietos y él mirándonos apasionadamente se salía sin hacer ruido. Lo sentía hablar después dando órdenes a los criados y se marchaba a caballo al campo del que no volvía hasta la noche… Yo sentía todo esto adormilado con ese sopor en que se está por las mañanas y me reía muchas veces de ver la cara de mi padre mirándome con amor. ¡Había un temblor en su boca y una viveza en sus ojos! Entonces me reía de ver su gesto. Hoy creo que hubiera llorado. Aquel gesto era de inquietud por nosotros, sus hijos de su alma. Aquel temblor de su boca era una plegaria por la felicidad. Cuando ya se habían marchado al trabajo las gentes del pueblo y al sonar las nueve en el reloj de mi casona, mi madre entraba y abriendo el balcón nos decía «¡Que entre la gracia de Dios!», y la luz nos hacía refunfuñar y cerrar los ojos muy fuerte hasta que poco a poco nos acostumbrábamos, y saltando de la cama nos poníamos guapos y acicalados. Mi madre lo dirigía todo y haciendo la señal de la cruz nos hacía que rezáramos la oración matinal: «Ángel de mi guarda, dulce compañía, no me desampares ni de noche ni de día». ¡Qué dulzura y qué candor tan rosado tiene esa oración! ¡Qué pureza y qué inocencia los labios que la dicen! ¡Qué grande el corazón que la sienta! Mis hermanos y yo repetíamos lo que mi madre decía y por el balcón abierto se veían los pájaros cantando con el sol y se oían las campanas de la iglesia que llamaban cansadas a la misa rezada… Entonces tomábamos un vaso de leche recién ordeñada y yo, colgándome una cartera de cuero atascada de libros, tomaba el camino de la escuela… En las mañanas del invierno iba yo con una capita roja con su cuello de piel negra y por eso me envidiaban los demás niños. La escuela era un gran salón con ventanas de un lado y con muchos bancos. En las paredes había colgados grandes carteles conteniendo máximas morales y religiosas. Al fondo estaba la tarima con la mesa donde se sentaba el maestro con su gorro bordado y su palmeta. La clase la presidía un Cristo de yeso sobre dosel morado y dos carteles con las letanías que se dicen al entrar y salir de la escuela… El maestro era alto, encorvado y tenía unas barbas tan pobladas que ponían el alma en suspenso cuando nos miraba de frente. Su voz era grave y potente, pero sus ojos eran dulces y expresivos… Era hosco por naturaleza, y le gustaba pegar en las manos con su palmeta. Estaba casi baldado y se movía con dificultad… Los niños le decían tío Camuñas pero le tenían miedo a la dichosa palmeta y le respetaban. Estaba casado con una mujer toda de huesos y tenía un niño que siempre contestaba las preguntas de su padre… Cuando yo entraba me saludaba muy afectuoso y me mandaba sentar. Mi sitio era en el segundo banco al lado de dos muchachos muy pobres pero muy limpios. Los dos eran grandes amigos míos, y todos los días les llevaba terrones de azúcar o granos de café que les gustaban mucho… Ellos a cambio de esto me traían frutas verdes que en casa no me dejaban comer y me hacían carricos con remolachas y faroles calados de estrellas y cometas con los melones que quitaban en las huertas… Algunas veces les daba bombones y pastillas de chocolate y entonces ellos me hacían palomas que volaban solas y me traían topos de terciopelo que cazaban en las choperas. Pepe y Carlos, que así se llamaban, eran mis eternos guardianes y los que me defendían en los momentos de mayor apuro. Los demás niños de la clase me querían mucho y siempre me consultaban cuando iban a hacer alguna cosa… Al lado estaba la escuela de niñas y muchas veces cuando en la clase reinaba el silencio por estar todos escribiendo se oía cantar a las niñas con voces muy suaves y finas y entonces toda la habitación se llenaba de cuchicheos y de risitas mal reprimidas… Carlos, que era ya muy mayor, se acercaba a mi oído y me decía: «Mira que si pusieran a todas las niñas desnudas y nosotros todos desnudos… ¿te gustaría, Quico?». Y yo, tembloroso y aturdido, decía: «Sí, sí que me gustaría mucho», y todos hacían comentarios hasta que el profesor, dando en la palmeta muy fuerte sobre la mesa, imponía el silencio y entre el ras de las plumas sobre el papel y el suspirar fatigoso del maestro se oía a las niñas cantar con voces de vírgenes: «Habiendo abrazado santa Elena la religión cristiana…». ¡Horas de tedio y fastidio que pasé en la escuela de mi pueblo! ¡Qué alegres erais comparadas con las que me quedan! Los niños compañeros míos sentían dentro de sí los misterios de la carne y ellos abrieron mis ojos a las verdades y a los desengaños. Yo los quería a todos con todo mi corazón y cuando los dejé para marchar hacia esta vida mis ojos preñados de lágrimas dieron un tierno adiós a la escuela. El hijo del amo (decían) se va a estudiar, y yo sentía dentro de mí al oír esto una desilusión grande al alejarme de mi casa y de mi escuela con sus cantos monótonos y durmientes y un gran desaliento por la lucha que iba a emprender, acostumbrado a aquella paz y aquel estado angélico… Los niños de mi escuela son hoy hombres… Cuando los veo soy filósofo sin pensar porque pasan delante de mí los años muertos y considero cuánto volar tras de ilusiones si al fin de los años de la alegría hay una boca negra y terrible en la cual caeremos todos. Los niños de mi escuela son hoy trabajadores del campo y cuando me ven casi no se atreven a tocarme con sus manazas sucias y de piedra por el trabajo. ¿Por qué no corréis a estrechar mi mano con fuerza? ¿Creéis que la ciudad me ha cambiado? No. Mi cuerpo creció con los vuestros y mi corazón latió junto con los corazones de vosotros. Vuestras manos son más santas que las mías. Vuestros corazones son más puros que el mío.

Vuestras almas de sufrimiento y de trabajo son más altas que mi alma. Yo soy el que debiera estar cohibido ante vuestra grandeza y humildad. Estrechad, estrechad mi mano pecadora para que se santifique entre las vuestras de trabajo y castidad.

EL COMPADRE PASTOR

En las noches frías del invierno, cuando las calles son duendes de sombra y el aire tiene sonar de lobos hambrientos, se reunían los gañanes bajo la chimenea de campana y entre cigarro y cigarro contaban cosas que pasaron y que ellos siempre vieron… La cocina donde platicaban era amplia, pintada de ocre y con unos vasares adornados con papel de colores. Encima de la chimenea brillaba el cobre y el burdo cristal. Olía a membrillo y a morcillas que estaban puestas a secar en la lumbre. Todos los gañanes llegaban muy despacio y sentándose gallardamente liaban sus cigarros con solemnidad de reyes. Como entonces no había luz eléctrica la cocina era iluminada por un velón de cuatro mecheros puesto sobre una mesa donde se dormían los gatos. Primero hablaban de las sementeras y de las bestias y después comentaban lo que leía uno que tenía esa gracia. Las ocurrencias eran peregrinas y así, entre risa y risa, daban las once y se retiraban todos a sus hogares para tomar aliento cuando llegase el día… Cuando daban las ánimas yo tenía mucho miedo y me iba a la cocina para oír contar cosas de almas en pena que refería el viejo pastor, mi compadre… Era compadre mío porque mi padre había sacado de pila a sus tres hijos, que eran tres mocetones que me traían nidos y urracas para que les enseñara a hablar. Era el primero que llegaba y el último que se iba, y en su cara de niño viejo había una dulzura y una bondad infinitas. Su cuerpo era delgado y sus manos, de pellejos. Vestía siempre de negro y en su cabeza toda blanca lucía un sombrero bordado de sudor. Se sentaba comiéndose la lumbre y las llamas no se reflejaban en sus ojos, que parecían muertos. Me quería mucho y cuando yo iba a sentarme junto a él una alegría muy grande se le notaba en su carita arrugada. Me sentaba entre sus rodillas y, mientras los demás charlaban amablemente, él, con su voz de temblores dulcísimos, decía cuentos preciosos y me aconsejaba cómo debía seguir labrando cuando mi padre muriese. Sus historias eran todas de cosas religiosas y de duendes y santos. Alguna vez me contaba cosas de hadas y de princesas que eran salvadas por caballeros de bucles dorados… pero lo que a mí me gustaba que me contase más eran los lances que él había tenido con los lobos cuando era zagal en las Alpujarras. Mi compadre pastor era un héroe. Una noche sin luna y con luz de nieve había luchado con los lobos venciéndolos y salvando a otro pastor, amigo suyo. Mi compadre pastor era un ángel bajado del cielo por sus acciones y por la altura de sus pensamientos. Mi compadre pastor era un santo porque siempre perdonaba las acciones más crueles y sus consejos eran eterna riada de amores y consuelos. Siempre que recuerdo sus cuentos y sus cantatas serranas me lleno de ternura interior y me dan ganas de llorar… ¡Qué gran figura, la de mi compadre pastor! ¡Qué seriedad tan augusta la suya! Tenía un aire de grandeza y de aristocracia… Cuando él hablaba, todo en la cocina se callaba y tan solo se oía respirar. Cuando él recetaba una cosa como buena para cualquier enfermedad, se desechaba al médico. Él poseía el secreto de las hierbas. Él hacía con tomillo y malvarrosa ungüentos que calmaban el dolor. Él veía en las estrellas las lluvias y las nieves futuras… En mi casa le venerábamos, mi padre le consultaba todo lo que hacía y mi madre charlaba con él ratos enteros de lo que son los hijos y de otros temas diferentes, todos sabios y santos… La noche de ánimas me contaba unas leyendas tan fantásticas y llenas de poesía que me hacían temblar y pensar en Dios y, al dormirme, cualquier ruido que sintiera me parecía que eran almas del otro mundo. La cocina se llenaba de humo de cigarro y de leña, y las figuras parecían sombras pavorosas con las llamas… Yo me dormía acariciado por mi compadre pastor y sentía entre sueños su voz que decía «¡Callad!» y después los brazos de un hijo suyo me llevaban en volandas hasta donde estaba mi madre, que me apretaba contra su pecho cubriéndome de besos. Todas las noches pasaba lo mismo y muchas veces mi madre no me dejaba ir a la cocina… pero yo, cuando ella se descuidaba o estaba adormilada, corría hacia la chimenea para dormirme en los brazos de mi compadre el pastor… Hasta que un día no fue. Estaba ya muy viejo y tenía gran fiebre… Mis padres estaban alarmadísimos y yo todo temeroso por su vida… El médico decía que estaba muy mal y que no saldría de esa enfermedad… Mi padre, entonces, mandó por los médicos de los pueblos cercanos pero todos dijeron lo mismo. Yo estuve a visitarle porque preguntaba con ansia por mí… Estaba como muerto, con la boca entreabierta y los ojos cerrados. Al entrar los abrió y, al verme, sonrió tan dulce como él acostumbraba. Mi madre me tomó en brazos y me sentó en la cama. Él se incorporó ayudado de una sobrina suya y, pasándome sus manos por mi cara, me estuvo acariciando un rato. Luego me besó una mano y, dando un suspiro muy fuerte, se dejó caer sobre las almohadas. Por sus mejillas corrían dos perlas de amargura que su pariente limpió con amor y suavidad. Mi madre me sacó fuera del cuarto y me dijo que me fuera. Estaba llorando como una Magdalena, y yo, sin poderme contener, comencé a llorar muy fuerte con gemidos entrecortados… como de tener encogido el corazón… Aquella noche la cocina estuvo desierta. Solamente las criadas se calentaban en el fuego… Sus conversaciones versaban sobre la enfermedad del viejo pastor y una de ellas afirmaba que de las dos de la mañana no pasaba y añadían: «Le han tenido que quitar de la vista el cuadro que representa el purgatorio porque lo mira de una manera que da miedo…». «¡Lo que somos!», dijo una… «Hoy unos, mañana otros y todos al hoyo». «Y los ricos y los pobres», decía la más vieja… Una angustia infinita me invadía y las criadas, al notarlo en mis ojos y en mi temblar, se callaron, y entonces, sentado en una sillita de aneas, me fui quedando dormido al sonar del fuego… Aquella mañana al despertarme sentí doblar las campanas y oí a mi padre decir: «¡Qué lástima! ¡Qué lástima!». «¡Que Dios lo haya perdonado!», exclamaba otra voz, y en tanto la campana dio los tres clamores y dejó de sonar… Me vestí muy rápido y, al salir del cuarto, una criada me dijo muy compungida: «¿Has visto, niño, cómo se ha muerto el compadre pastor…?». Yo estaba que no sabía qué hacer y con un mareo muy extraño. Pregunté por mi madre y me dijeron que no estaba allí porque se había quedado velando al cadáver. Mi padre entró muy serio y casi no me miró: dio algunas órdenes y se marchó a la calle… En la casa había mucho trajín y yo estaba de más en todas partes… Aquel día comí todo el chocolate que quise, pero ¡qué amargo me supo…! Todo el día lo pasé sentado y sin saber qué hacer, y cuando sentía llorar a alguna criada recordando las palabras del viejo, lloraba, también a gritos entre bocado y bocado de chocolate… Las campanas no pararon de sonar desde las tres de la tarde y a las cinco una mujer vino por mí, de parte de mi padre, para asistir al entierro… La calle estaba llena de gente y entre las cabezas descubiertas asomaba la desquiciada cruz parroquial. Yo entré en la casa y vi cerrar la caja… Mi madre, sentada en un rincón, lloraba rodeada de muchas mujeres y de los hijos, que bramaban como toros… El menor de ellos se golpeaba la cabeza con las manos y daba en el suelo fuertes patadas… Las sobrinas decían a gritos la vida de mi compadre pastor y referían todas sus hazañas, hasta la de los lobos. Esto me conmovió tan fuerte que yo también comencé a gritar teniendo que calmarme el barbero y una criada mía, que acudieron solícitos a limpiar mis lágrimas. Los hijos y los parientes del muerto estaban embozados en sus capas. La caja salió en hombros de los gañanes y en este momento los gritos llegaban al cielo. El señor cura comenzó a cantar y la comitiva se puso en marcha.

«¡Mi papá! ¡Mi *papa*!», decían los mozos desespera-dos. «¡Ay, qué lástima de mi chache!», gritaban las sobrinas, y sobre todas estas voces de dolor sobresalía la voz del cura que cantaba latines, el pisar fuerte de los gañanes sobre el empedrado, y el resoplar del bu-rro que lloraba en la cuadra. Delante de todos iba la cruz; después, muchas velas llevadas por hombres y mujeres; y detrás, el féretro, todo negro con estrellas de oropel. Mi padre iba presidiendo el duelo, muy pálido y triste, rodeado de la gente con los sombreros quitados. Yo iba cogido de su mano. Atravesamos una calleja de tapiales altos y entramos en la plaza… La iglesia estaba abierta y con un catafalco en el din-tel. Allí pusieron el féretro y comenzaron a cantar lúgubremente el señor cura y el sacristán con su voz cascada profunda… «¡Ay, qué caja tan preciosa!», de-cían los niños. «Se la ha *mercao* su amo», repetían otros, y así, así terminaron de cantar y, muy serios todos, cruzamos la plaza y salimos al campo. El sol ya se había puesto y la vega era de grises y plateados. En las lejanías aún quedaba luz de día que se reflejaba en los ojos y los rostros de los que allí estábamos. La atanor iba rebosando de agua y las campanas sona-ban cansadas de llorar. La comitiva se paró y todos cercaron el féretro y lo destaparon y el señor cura lo roció de agua bendita… Mi pobre compadre pastor estaba rígido y con las manos cruzadas. Un pañuelo de seda le cubría piadoso la cara. Uno de sus amigos se lo quitó, pero yo no pude verle el rostro porque mi padre me tapó los ojos con sus manos… Después lo cerraron y, montándolo todo en un carro, se lo llevaron a enterrar. Por el ancho camino bordeado de álamos y moreras iba el carro tirado por mulas. Sus campanillas sonaban tristísimas y al vaivén de sus ruecas la caja se movía y crujían sus maderas. Poco a poco se perdió el carro entre las nieblas de la noche, llevándose al cementerio a mi amigo, a mi consejero, a mi abuelito pastor… Nunca te olvidaré y siempre tendré un suspiro por tu ausencia. Mi pobre compadre pastor… Tú fuiste el que me consoló en mis pesadillas. Tú fuiste el que me hizo amar a la Naturaleza… Tú fuiste el que alumbró a mi corazón… Mi pobre compadre pastor…

1 de abril

Mi amiguita rubia

En el pueblo vivía una niña rubia y tostada por el sol. En su boca tenía sangre y brillo de luna y sus ojos eran muy chiquitos con puntitos de oro y verdor. Dos largas trenzas que le llegaban a los pies, un vestido rojo con motas blancas y una flor en el pelo y las manos cortadas de lavar ropas de sus hermanos en las acequias de la vega… Su padre era un pobre jornalero que estaba reumático por el trabajo y la humedad y la madre, que tenía treinta años, representaba cincuenta a causa de las penas y de la fecundidad de sus entrañas. La pobre niña era la que tenía que hacer de madre con los chicos porque la suya no podía ocuparse de tantas cosas. ¡Había que verla sentada en su sillita al lado del fuego con un pequeñín en mantillas! «Rico, rico mío —le decía—, no llores, que ya vendrá madre a darte de mamar». El nene, con la boquita abierta, le mordía el pecho, ansioso de leche, y ella, riendo apasionadamente, exclamaba: «¡Pero so glotón! ¿No ves que yo no tengo teta? ¿No ves que soy muy chiquita?». El pequeño chillaba estrepitosamente y ella, aturdida y angustiada, metía su dedo índice en la boca del llorón, que callaba un rato para chupar inútilmente y después continuar con su llantina… Venía la madre y, tomando en sus brazos al nene delgaducho y amarillento, sacaba sus senos escuálidos y arrugados y ponía al niño para que mamara… Pero el niño lloraba más, porque no encontraba el dulce jugo de la vida… Y entonces iba la nena a mi casa a suplicar, por amor de Dios, que el ama que estaba criando a mi hermano fuera a su casa para que su niño mamara un rato, porque si no, iba a morirse de hambre. Mi madre ordenaba que fuera inmediatamente y cuando el ama llegaba y se ponía al niño en sus rodillas, mientras sacaba sus grandes tetas blancas con venas azules, el *rorró* suspiraba anhelante, riendo y llorando. Como esto pasaba con mucha frecuencia, yo hice gran amistad con la niña y por las tardes iba a su casa para llevarles limosnas de mi madre y para ver el manantial que tenían en el corral y recoger chinas blancas que había en su fondo de cristal... ¡Me daba más compasión ver aquella casa toda de negruras y suciedad...! El suelo era de tierra y el techo de cañas... Los únicos muebles que poseían eran una mesa de alas, unas cuantas sillas desvencijadas, un velón oxidado y un cuadro muy grande de la Virgen que estaba entre nubes de plomo y que la humedad y el polvo habían convertido en monstruoso borrón... Cuando llegaba a aquel antro de miseria y honradez la madre con los pelos tiesos y desgreñados se levantaba como un espectro y, limpiándose la boca, me besaba con un temor... aquella mártir de la vida y del trabajo tenía una suavidad en la voz y un mirar tan dulce que era menester ser como los perros rabiosos para no compadecer y llorar su calvario... Aquella mujer, cuyo vientre había guardado tantas vidas para luego verlas morir de hambre y de miseria, aquella santa destrozada por un hombre y sacrificada por sus hijos, era tan grande, tan augusta y tan resignada que yo tenía delante de ella temor por su figura y amor por su vida de dolores… Muchas veces me decía: «Niño, mañana no vengas, porque nos lavaremos la ropa», y yo no iba. ¡Qué tragedias tan hondas y tan calladas! No podía ir porque estaban desnudas y ateridas de frío, lavándose sus harapos, los únicos que tenían… Por eso cuando volvía a mi casa y miraba el ropero cargado de ropas limpias y fragantes sentía gran inquietud y un peso frío en el corazón… De todas las frutas y golosinas que traían a casa le daba yo a mi amiguita rubia, pero estaba tan cortada de vergüenza siempre que no las tomaba hasta que su madre lo mandase… Uno de sus hermanos agarraba con sus manos a los sapos, a las ranas y a las lagartijas, que emborrachaba dándoles tabaco para después cortarles el rabo y que anduvieran solos, cosa que a mí me producía pavor… Siempre quería ir a su casa para hablar con ella y que me contara cosas del infierno, porque, como iba mucho por casa del cura, veía estampas con los condenados y las llamas…. Pero su madre me daba mucho miedo y tanta tristeza que solo iba cuando les llevaba comida o cuando me llevaba el ama de mi hermano. Por mucho tiempo que pase, por muchas cosas que pasen por mi alma, nunca se borrará de mi corazón la figura de la madre aquella. Los huesos rompiéndole las ropas y su mirar de más allá, sobre todo su mirar, serán en mí recuerdo eterno, por ser la primera impresión trágica que tuve de la miseria… En Andalucía, en sus pueblos cargados de olor y sonido, todas las mujeres pobres mueren de lo mismo: de dar vidas y más vidas. Los hogares pobres de los pueblos son nidales de sufrimiento y vergüenzas. Nadie se atreve a pedir lo que necesita. Nadie osa rogar el pan, por dignidad y por cortedad de espíritu. Yo lo digo, que me he criado entre esas vidas de dolor. Yo protesto contra ese abandono del obrero del campo. Yo lo siento y mi alma se llena de amarguras… Cuántas veces, cuántas veces he visto yo un entierro de una madre con el niño entre sus piernas, muertos ambos de miseria y falta de asistencia… Cuántos niños que se mueren de suciedad y de abandono… Los entierros, que de pequeño me entusiasmaban por sus cajas blancas y sus gasas y flores, hoy los veo pasar y cierro los ojos espantado, porque dentro de aquel cuerpo frío ¿quién sabe qué corazón había? Los niños de los pueblos se mueren mucho, unos por falta de alimento y otros por exceso de trabajo. Todos estos recuerdos tristes vienen a mí al pensar en la casa de mi amiguita rubia, [donde] todos los años nacía uno y se moría otro… El ama me llevaba a aquella casa y yo, tomando a mi hermano en brazos y mi amiguita rubia tomando al suyo, nos sentábamos en la puerta y comenzábamos a charlar de muchas cosas. Un día de estos que estábamos sentados en su puerta al calor tibio del sol, se acordó ella de un hermanito suyo que había muerto hacía muy pocos días y dijo muy compungida:

—Mira que morirse… ¿Para qué pecarían Adán y Eva?

—Pero oye —dije yo, que no sabía nada de historia sagrada—, ¿qué hicieron Adán y Eva?

—Pues que comieron la manzana del bien y del mal que estaba en un manzano del cielo, y que Dios les había dicho que no la comieran —respondió mi amiguita, muy satisfecha de saber más que yo.

—¿Y por qué la comieron? —dije yo, muy extrañado de aquello.

—Si se lo dijo la serpiente primero a Eva, y Eva se lo dijo a Adán.

«¡Qué tontos! —pensé yo—, dejarse engañar».

—Oye, Luisa, ¿y no les daba miedo de la culebra? —exclamé yo de pronto.

—Ca —dijo la niña—, si no podía hacerles nada, porque en aquellos tiempos las culebras, los tigres, los leopardos y los osos hormigueros —que estos eran los bichos que conocía mi amiga por su libro de escuela— eran como perritos recién nacidos, y no se moría nadie, y no hacía frío ni calor, y no había hambre y se podía volar por los aires y tirarse a los pozos, porque no se ahogaba uno y salía para arriba corriendo…

—Ay, ¡qué alegría! —exclamé yo, entusiasmado—. De manera que yo podría comer todo el chocolate que quisiese y me podría bañar sin ningún temor y mi abuelita no se habría muerto.

—*To* eso, todo eso.

—Pero —dije yo, indignado— ¿por qué pecaron? ¿Por qué se comieron aquella manzana?

—Se lo dijo la serpiente —dijo la niña, muy formalita.

Aquella tarde sentí una tristeza infinita y un ansia loca de vivir siempre. Aquella [tarde] pensé mucho en la muerte y en el horror de estar enterrado y lleno de gusanos. Aquella tarde mi corazón de niño maldijo a Dios porque decía muy sentido: «¿Qué más le daba a Dios que se comieran una manzana o que se la dejasen de comer? Dios sería muy malo cuando por una cosa tan insignificante los condenó al trabajo y a la muerte…». «Dios es infinitamente bueno», decía mi madre. «Pero ¿cómo es posible?», exclamaba yo. Y entonces venía a mi memoria el libro que había en mi casa que tenía pintada la expulsión del paraíso y, recordando la cara del eterno Padre que está aposentado entre rayos y nubes con el entrecejo fruncido, decía muy enfadado, pero con mucho miedo interior: «¡Qué malo debe ser cuando los echa por comer una manzana!», y tenía mi corazón piedad para aquel hombre y aquella mujer desnudos y azotados por una espada de fuego… Y añadía: «¡Por ellos estamos así y por ellos nos tenemos que morir!», y entonces odiaba, pero con un odio de reproche y conveniencia, a Adán y Eva… Después, mis ojos se abrieron a la verdad, comprendí el pecado y amé a Dios… pero perdoné a Adán y Eva… Después, más tarde, sentí las miserias de la carne y entonces una piedad infinita bañó mi corazón por aquella pareja del paraíso terrenal…

Mi amiguita rubia no ha mucho que la vi… y casi rompí a llorar, porque en sus ojos hay ya la expresión de su madre y caminaba con dos niños, uno mamando y otro descalzo cogido de su mano. ¡Ay, mi amiguita rubia! Tú serás como tu madre. Tus hijas serán como tú. Y cuando pienso esto, caigo en un caos espiritual.

Federico
1 de abril

Mis juegos

Todos los niños del pueblo eran muy amigos míos, y como mi casa es grandota y tenía amplias cámaras se venían conmigo a jugar los días que no había escuela… A todos ellos les daba mucha vergüenza mi madre y cuando entraban corrían a esconderse en la escalera para que no los viese. Muchos iban cubiertos de harapos y estos eran los más nobles y dulces… Había uno, sobre todo, que apodaban «el Morito» por lo negro de su piel, que era bondadoso y apacible en extremo. No hablaba sino cuando le preguntaban y se prestaba gustoso a ponerse de burro y dejaba que le pusiéramos un bocado viejo que había servido a un caballo de mi abuelo… En sus ojos tenía una dulzura profunda y siempre reía amable, aun a los que le ofendían… pero era fuerte y valiente, eso sí. Un día que oyó criticar a su madre, que era una mujer amante de todos los gañanes, dejó señalada su fuerte manita en el rostro del que habló mal… A mí me daba gran lástima verlo con los codos al aire y siempre descalzo en invierno y en verano casi siempre sin haber comido. Yo le preguntaba: «Morito, ¿no tienes frío?», y él respondía muy formal: «Ca, si tengo el cuerpo de *jierro* y los pies como las patas de los caballos…». Mi madre se compadecía y le daba las ropas que a mí no me servían y su madre era tan desastrada que no se las achicaba.

Como por todas partes le sobraba tela y era tan delgado, parecía un espantapájaros. Los demás eran niños iguales que yo y sus trajes, aunque pobres y haraposos, en su mayoría los tenían conformes y aseados. Cuando llegaban me decían: «Vámonos a tus cámaras». Yo pedía permiso y subíamos a los pisos altos trotando y moviendo enorme griterío... Las cámaras eran unas habitaciones en que se guardaban aperos de labranza y se ponían a secar las frutas. Tenían ventanas que daban al corral, por las que entraba el clo clo de las gallinas y el grito estridente de los pavos reales... Los chiquillos se hartaban de fruta ansiosamente chorreando el caldo por sus barbas y manchando sus vestidos. El Morito comía con los ojos muy abiertos y atropelladamente, como de tener mucha hambre, y se tragaba los huesos de las ciruelas y los melocotones... Cuando ya se habían hartado de comer yo les decía: «¿A qué jugamos?». «Vamos a jugar a esconder». «No, no —decía otro—, a ovejicas...» Y se jugaba a las ovejicas... Todos los niños menos dos se colocaban agachados en el suelo y como formando un rebaño. De los que se quedaban en pie, uno era el dueño de las ovejas y otro el que las compraba... El dueño decía: «Ovejitas, ovejitas de mi cortijo, me me», y los niños repetían a coro «me me»... pero llegaba el comprador y preguntaba: «¿A cómo valen esas ovejas?», y el dueño decía: «Por ser para usted, que tiene cara de cristiano, mil reales, pero con una condición: que no sean para matarlas». El comprador respondía: «Para matarlas yo no las llevaría, las compro para que críen y hacer con su leche quesitos y arrope...». «Vuestras son». El niño que hacía de comprador gritaba muy alto: «Ovejitas de mi cortijo, me me», y los que hacían de oveja respondían muy tristes, como si lloraran el cambio de amos: «me me». Era de los juegos que más me gustaban y siempre hacía de amo... En las noches de luna este juego se hace en el prado y los niños simulan comer hierba... Después que las ovejas se han ido con el amo nuevo el otro se arrepiente de la venta y grita desesperado: «Ovejicas, me me», pero las ovejas no le responden y únicamente balan cuando el otro les habla... Yo en este juego me sentía señor grande y poderoso por tener aquel rebaño y con un látigo en la mano ordenaba las filas. El Morito tapándose la boca con las manos balaba muy graciosamente y decía que él era el macho. Cuando ya habíamos agotado todos los juegos y combinaciones con las ovejitas, decían: «Ahora vamos a jugar a lobicos». «No, a lobicos no, que luego por las noches los ensueño y como yo hablo a veces durmiendo, despierto a mi papá y me regaña porque no lo dejo dormir». Esto lo decía Luisillo, que tenía cinco años y era muy asustadizo. «Pero tonto —reclamaba el Morito—, ¿no ves que es de mentirijillas...?» «No, no —decía el pobre Luisín—, que me da mucho miedo...». Entonces afirmaba el Morito: «No eres hombre». El otro ya se callaba y se empezaba a preparar el juego... Este juego era el más emocionante y el que ansiábamos todos a pesar del miedo atroz que nos invadía… Un niño que hacía de lobo se escondía entre sacos y arados y los demás se paseaban por toda la cámara despreocupados y como si nada pasara… De pronto unos cuantos cerraban las ventanas y la oscuridad se hacía completa… Todos corríamos a escondernos y nos quedábamos mudos de pavor… El niño que estaba escondido decía con voz cavernosa: «¡Que viene el lobico…!», y nosotros nos apretábamos unos contra otros y empujábamos con fuerza en la pared como si quisiéramos penetrar en ella… El niño se rebullía entre los sacos y gritaba más fuerte y trágico: «¡Que *sus* come el lobicoo!». Nadie se atrevía a moverse ni a respirar y los más chicos comenzaban a sollozar… Como los ojos se habían acostumbrado a la oscuridad, se distinguía todo perfectamente y se veía al niño lobico levantarse en medio de los sacos que con las manos abiertas puestas sobre la cara, moviendo los dedos como para espantar, aullaba muy fuerte: «¡Que *sus* como! ¡Que soy el lobicoo!». Nuestros corazones latían con fuerza y nos abrazábamos unos con otros formando un pelotón… El lobico salía entre los sacos y se dirigía muy lento hacia nosotros con los brazos en alto. Entonces todos comenzábamos a chillar y nos queríamos tapar unos con otros. Entonces yo me figuraba que aquel niño era un lobo que me iba a tragar y se apoderaba de mí un temblor escalofriante.

Entonces sentía gran consuelo cuando algún niño en su lucha por esconderse me tapaba con su cuerpo: «¡Au! ¡Au!», gritaba el lobico cada vez que daba un paso y cuando ya nos iba a coger la emoción era tan grande que todos comenzábamos a chillar asustados y los pequeñines sollozaban muy apenados... Todos salíamos corriendo perseguidos del niño y era angustioso sentir detrás el aullido del lobico en medio de la más cerrada oscuridad... Cuando alguno se veía apurado en la persecución del lobico, se arrimaba a la pared y decía jadeante y muy deprisa: «Chichinave, que echo mi llave», y ya estaba a salvo de las uñas de la fiera... Las ventanas se abrían de repente y el lobico se moría tumbándose en los sacos y todos respirábamos como si nos hubieran quitado un gran peso de encima... Luisillo daba grandes carcajadas y palmoteos... pero aún tenía lágrimas en su cara que limpiaba con la palma de la mano... y todos rendidos por la emoción nos sentábamos en el suelo y entre fruta va y fruta viene el Morito nos contaba cómo su padre, que era cazador furtivo, mató una zorra en su corral que había ido a comerse las gallinas... La emoción es grandísima en este juego de lobicos y los momentos de terror son angustiosos. Esta autosugestión de terror era muy frecuente en mi niñez y gozaba sin comprenderlo y sufría al mismo tiempo... Los cuentos de la noche de ánimas y el juego de lobicos han sido las grandes emociones de mi corta vida… Cuando hoy subo a las cámaras de mi casa en el pueblo daría todo lo que soy y poseo por poder jugar y sentir el juego de lobicos… Hoy ya los niños juegan a los dineros y a otras cosas y muy pocas veces hacen de lobicos… La tarde se moría, toda granate y azul, y los niños se marchaban a sus casas para merendar. Mientras, yo salía con un zagal a esperar a mi padre al camino y acordándome de los lobicos me daban unas ganas de reír…

3 de abril
F. García Lorca

LOS CARÁMBANOS

En las mañanas de invierno, así que me había levantado y bebido mi vaso de leche tibia y espumosa, salía a la plaza a buscar a mis amiguitos y marchar al campo para levantar los carámbanos de las acequias umbrosas. En estas mañanas la plaza estaba cubierta de plata por la escarcha y los hombres del pueblo liados en sus mantas de colores esperaban que sonara la campana anunciadora del trabajo. La niebla lo cubría todo y el silencio era grande, pues ni la fuente sonaba por estar helada… Las choperas cercanas estaban sin hojas y se veían esfumadas por la bruma. Los trabajadores al oír la campana se deslizaban con elegancia suprema de sus mantas y muy despacio con las azadas al hombro se iban al trabajo con andar pausado y solemne… Mis amigos y yo esperábamos a que ellos se fueran y como bandada de pájaros nos salíamos a los campos yermos y fríos… Todas las aguas no se movían aprisionadas por el hielo y las hierbas lucían sus aderezos de rocío… Los árboles estaban marchitos y agrietados, los zarzales eran manojos de púas negras y los sauces parecían barras de cristal. Por encima de los albercones saltaban las aves frías y las pajaritas de las nieves, y a través de las nubes el sol se veía como una mancha dorada… Mis amiguitos tenían tapabocas y boinas de pelo, yo llevaba mi capita roja y guantes que prestaba a los niños que cogían los carámbanos… Cuando llegábamos a una acequia que estaba escondida entre cañaverales sacaban sus navajas los que la tenían, y acercándose a la orilla cortaban el hielo que crujía con fuerte y agradable sonido. «Buena santa Rita vamos a sacar hoy», gritábamos todos y mientras el hielo crujía partiéndose nos dedicábamos a tirar piedras para ver quién alejaba más. «¡Ya está, ya está!», decían y corriendo todos ayudábamos a sacar el témpano que se había hundido en el agua. Luego que estaba fuera nos dedicábamos a recortar de su blancura una figura que nosotros decíamos era un hombre por señalarle muy picarescamente el sexo. Algunos mordían el hielo y lo masticaban muy fuerte sorbiendo de frío. Otros se frotaban las manos más encarnadas que las cerezas echándose el vaho del aliento en ellas y los más esculpían con mucho afán… Cuando ya se había terminado la figura o monstruo la cogíamos entre todos y dando gritos y con las manos en alto bailábamos con el monigote de frialdad… hasta que se hacía añicos y lo pisoteábamos con placer. De vuelta al pueblo pasábamos por una atalaya moruna en la cual colocan los habitantes de las cercanías un lagarto gigantesco que se comía crudas a las mujeres pero que respetaba a los hombres y que muchas noches lo vieron salir del cementerio con pedazos de cadáver en la boca… Yo no quería pasar por la atalaya y tan solo su proximidad ponía espanto en mi corazón, pero los niños decían: «¡A la atalaya, vamos a la atalaya!», y por no ser menos que ellos marchaba dando los mismos gritos y con un miedo y acordándome de mi madre. A llegar a la puerta atroz de la atalaya del tiempo de los moros nos deteníamos y ninguno se atrevía a pasar… Era verdaderamente miedoso y horrible su interior. Como no tenía techo las lluvias habían convertido su suelo en una laguna verdosa llena de algas y de sapos. Las paredes eran de yedra y de musgo y de flores azules de humedad… Había piedras por todas partes caídas de los muros bajo las cuales anidaban las teresicas y los ciempiés. Uno de los muros estaba cubierto por agujeros muy redondos que según un niño eran las madrigueras de las culebras… Cerca de la torre había unas fuentes rodeadas de lirios, de juncos y de sándalo cuya agua tenía gran repugnancia para las gentes porque decían que era el mismo venero de fuente que mana en el cementerio… Cuando nos acercamos al torreón, los sapos que estaban tomando el sol que acababa de romper las nubes, como no podían saltar al agua porque estaba helada, comenzaron a saltar sobre las hierbas hasta que se escondieron entre las piedras y marañas de yedra… Nos asomamos a la puerta para ver si veíamos a los búhos y lechuzas, pero por el contraste de luz no distinguíamos nada. Alguno se aventuró a levantar una piedra y dando grandes voces nos llamaba: «Venid, venid corriendo y veréis una *maná* de señoritas del manto negro», y nosotros acudíamos para ver salir de la tierra a las cucarachas que muy deprisa y como locas se escabullían para escapar de nuestras pisadas… Dábamos la vuelta al torreón y veíamos el agujero por donde salía el lagarto. Era un pozo muy hondo con el agua muy profunda… en la cual nadaban muy ufanos los caballicos del diablo… Al lado del pozo había eucaliptos y un campo de lechugas y de coles.

Arrojábamos piedras y el agua sonaba muy grave y el eco repetía varias veces lo que el agua había dicho. Casi no nos atrevíamos a mirar hacia aquella verde oscuridad y arrojando piedras nos íbamos retirando comentando muy serios la historia del lagarto que había existido… Las nubes se habían ido por el horizonte, el sol brillaba fuerte disipando las nieblas y la vega estaba deslumbradora y esplendente de luz… Muchas hazas en las que el trigo empezaba a despuntar parecían a lo lejos seda tornasol. El cielo era de un azul rabioso y la sierra cubierta de nieve se recortaba en él brillando como la plata pulida. Los carámbanos se deshacían, los gorriones piaban estrepitosos y el aire traía en sus entrañas sonar de campanas y cantos de los gañanes que araban… Pisando charcos y arrojando piedras a las ranas volvíamos al pueblo y nos íbamos a la iglesia para oír la misa mayor en que tocaban el órgano y daban la bendición con la custodia de oro y de piedras preciosas… El órgano era muy pequeño y sus fuelles chillaban como si llorasen… Lo tocaba el sacristán que también era el cantor y el que vestía a los santos y al niño Jesús… Cuando sonaba el órgano mi alma se extasiaba y mis ojos miraban muy cariñosos al niño Jesús y a la Virgen del Amor Hermoso que estaba siempre riendo bobalicona con su corona de lata y sus estrellas de espejos. Cuando sonaba el órgano me emocionaban el humo del incienso y el sonar de las campanillas y me aterraba de los pecados que hoy no me aterro. Cuando sonaba el órgano y veía a mi madre rezar muy devota, rezaba yo también sin dejar de mirar a la Virgen que siempre se ríe y al Niño que bendice con las manitas sin dedos… Al salir me separaba de mis amigos para irme con mi madre y esta, agarrándome una mano, me llevaba a casa, riñéndome cariñosa por haber llegado tarde a la misa mayor… ¡Mañanas de invierno en mi pueblo! ¡Qué preñadas de recuerdos estáis para mí! Mañanas frías del mes de la Pascua, ¡cómo levantáis lejanas leyendas en mi alma! Mañanas brumosas de mi infancia, ¡cómo formasteis sin yo comprenderlo mi corazón…!

MI PRIMER AMOR

Tengo en mi casa un retrato cuya vista me produce pena grande. Es una muchacha rubia y delgaducha que ha tiempo vivió y que ahora estará bajo la tierra. Hay en su rostro una sonrisa tan tenue y triste que parece va a llorar. Las manos las tiene cruzadas y en su pecho hay un ramo de flores del tiempo que hoy serán polvo impalpable... Todo el retrato está dorado por la edad menos la cara de la niña, que está blanca y descolorida... Su traje amplio y señorial está todo bordado de trencilla negra. A su lado hay una mesita rodeada de un fleco y en ella un crucifijo y muchos libros. Nunca supe quién era aquella nena angelical y cuando preguntaba su nombre mi madre me decía: «Es una amiga de mi madre que se murió muy joven». «Pero ¿cómo se llama?», insistía yo. Y mi madre, haciendo un gesto extraño, me replicaba: «¡Déjame en paz!». Y así, cada vez que sacaban ropa del baúl de lata en que estaba metida, yo corría para verla y después sentía su recuerdo mezclado con ese olor tan único de las cosas cerradas… Cuando yo era niño, ese retrato era mi pesadilla en muchas noches sin fin… Esas noches de revelación de secretos ocultos y que son las introductoras de adolescencia… Los ojos de aquella mujer serían tan grandes como soles y su boca sería un tesoro de dulzura… En las horas que mi familia me dejaba solo en casa, muy cautelosamente, como el que va a cometer un gran delito, rompía con un alambre el guarda del cofre y revolviendo cartas, sedas y recuerdos buscaba el retrato. Pasaba horas y horas mirándolo como si estuviera bobo… y me figuraba a aquella joven hablando conmigo y contándome los cuentos más raros y preciosos que nadie supiera contar. Mi fantasía de niño se desbordaba y ya la muchacha estaba hablando conmigo y escondía el retrato porque me parecía que movía los ojos y sentía miedo de que me fuera a encantar. Me acuerdo un día que mis tías me habían contado una cosa muy triste y que yo tenía un gran temblor nervioso abrí furtivamente el cofre… pero el retrato estaba resguardado por un rosario y ese rosario era el que mi abuelita había estrechado entre sus manos muertas y a la vista de aquel rosario de azabache y plata en que mi abuela había rezado su última oración me eché a temblar y hui de aquel cuarto como alma que se lleva el diablo, creyendo sentir pasos y voces detrás de mí.

Por las noches, cuando mi hermano se dormía, iba muy despacio y sacando el retrato de su escondite me dormía con él sobre el pecho… ¿Quién era aquella mujer…? ¿Qué tenía su expresión de dulzura y bondad…? Para mi corazón era consuelo verla y besarla con mi boca virginal.

Parecía que me aconsejaba y muchas veces colocaba el retrato sobre mi cara y lloraba sin saber por qué. Yo ni sé si me explico lo que entonces pasaba por mí, solo sé que era feliz. En mi alma no había sino castidad y pureza y amaba sin darme cuenta a aquella mujer que pasó por la tierra hacía tantos años. Ella fue mi primer amor, y el más fuerte y ardoroso que he sentido en la poca vida que tengo.

—¿No sabéis cómo se llamaba? —preguntaba yo, y me respondían:

—Fue una amiga íntima de la abuelita que se murió de tanto sufrir.

—¡De tanto sufrir! —exclamaba yo… pero volvía a decir, ya importuno—: ¿Cómo se llama?

—No lo sabemos —me decían.

Y así yo, sin saber quién era aquella noble figura nimbada de dolor, la amaba con locura, con pasión. A una tía mía soltera y cariñosa, que me contaba cosas de hadas y de manos negras y vellosas que se llevan a los niños para ahogarlos en la mar, le hacía que me refiriese por qué estaba tan triste aquella mujer. Y ella, montándome en sus rodillas y balanceándome dulcemente, me explicaba de cómo aquella mujer del retrato tenía un novio que la abandonó y que ella se murió de amor y despecho y me hablaba de mi abuela, su amiga, que fue la que la consoló y confortó cuando llegó la hora terrible… Toda esta historia entraba en mi corazón sencillo y tierno y me hacía suspirar muy hondo por la que murió tan desdichada… Así estaba yo en relación estrecha con aquel retrato sin pensar nada más que en eso… cuando el día que llega para el niño y lo hace cambiar y lo hace sentir cosas nuevas, llegó para mí. El gran misterio de la vida se descubrió ante mis ojos y su visión me anonadó. Todos los hombres y todas las mujeres me parecieron pecadores y mirando a un Cristo que tenía ante mi vista parecí reprocharle algo. Ante mi vista cayó la gran babel de mis pensamientos de pureza. Los niños nacen del vientre de la madre, ¡luego no los hacen los ángeles en un cesto de flores! Y un gran vacío quedó ante mí y una decepción honda y sincera llenó mi alma y mi corazón… Una forma humana de ojos negros y manos temblorosas desfloró mi virginal pureza y me contó la trama de la vida y me arrancó las ilusiones y el candor de la niñez… Cuando yo supe el gran secreto no me atreví a mirar el retrato de mi amada niña que sonríe llorando. Aquella noche un gran llanto se apoderó de mí y me hizo olvidar a la que amaba. Aquella noche mi corazón fue ya de hombre y sentí mi sexo. Aquella noche enterré en mi alma la ilusión más grande de mi vida. Aquella noche terrible nacieron en mí las pasiones… Ahora ese retrato está olvidado en el mismo cofre y cuando lo veo y recuerdo lo que fue para mí, una tristeza honda se adueña de mi corazón… Hoy sé que aquella muchacha fue una mujer que murió de enfermedad corriente y que su novio era un joven que murió en la guerra… Pero ella, sea quien sea, fue mi primer amor. El amor verdadero que sentía uno que era hombre y amaba sin saber por qué, el amor que era aroma santo de mi corazón de niño… El amor verdadero sin deseos de carne… Aquellos tiempos se perdieron. Mi corazón hoy es otro… Solamente me queda de todo lo pasado una dulce añoranza y un retrato con perfume de pan, de viejo y de castidad.

Federico García Lorca
Marzo 22
Noche

Estados sentimentales y otras meditaciones

ESTADO SENTIMENTAL. CANCIÓN DESOLADA

Dedicatoria:

Al único corazón que ama de verdad

Yo, que tanto te amo, rehúyo pensar en ti. El calor de tus manos y tus risas mimosas son mis únicos constantes recuerdos, y cuando pienso en tu boca, el dolor de no poder besarla es un tormento cruel. Ya sé que tu pensamiento está en mí, por eso mi alma es tu rubia carne. Ya sé que tu corazón es mío, por eso mis sentires son tus ojos. Ya sé que me quieres mucho, por eso mi espíritu está en tu alma. En el frío y la oscuridad de una noche de otoño me mataste con lo que decías, mi cuerpo se aletargó, mis ojos querían llorar, y la vida futura cayó sobre mi espíritu como una gran losa de hielo... Las terribles palabras las dijiste llorando y, pasándome las tibias manos por la cara, suspiraste: «Así tiene que ser. La sociedad sanguinaria nos separa. A mí también se me destroza el corazón…». ¡Te quiero tanto…! Cada palabra que decías eran agujas de fuego que se me clavaban en el pecho… La noche me pareció vulgar y asquerosa, la luna sin luz y las flores sin alma.

* * *

Los cascabeleos de las mulas eran sonidos que me hipnotizaban… y tú, llorando, comentabas nuestra desventura… Mi alma estaba aplanada… Mi corazón se estaba encogiendo y su sangre se quería salir fuera… No adivinabas que mi corazón se moriría sin ti… ¿Qué voy a hablar cuando tu espíritu me falta? ¿Qué voy a reír cuando tus risas no son para mí? Te fuiste de mi lado en un otoño color ocre y el invierno está pasando como un gigante negro que me clavará un puñal… No volverás jamás a mi lado… ¿Dónde irás? ¿Quién te poseerá…? En el verano que pasó era yo dichoso porque tú me seguirías perteneciendo, pero cuando llegó el otoño amarillo te fuiste tan lejos… que nunca más oiré el sonido perfumado de tu voz.

Y aún pienso en ti fuertemente pero cada día que pasa se esfuma tu cuerpo de mi cerebro, quedando solamente tu alma transparente y sentimental… Hoy gozo con mi dolor de pasional calma y con mi sentir oscuro de niebla verdosa… Algunas veces mi corazón quisiera despertarse de su dormir sonámbulo, pero mis pensamientos con sus manos de sangre lo callan y lo acarician. No te despiertes, corazón, sigue en sopor. No te despiertes porque me moriría de desesperación. ¡Corazón mío! ¿Cuándo se cerrarán tus heridas de fuego? ¡Corazón mío! ¿Cuándo dejarás de sufrir…? Mi alma se está curando de la más horrible enfermedad… El dolor de amar, ser amado y no poder unirse mi corazón con su corazón por las espantosas conveniencias sociales… Su corazón es mío, solamente mío, mi espíritu son sus cabellos de oro. ¿Por qué no me puedes pertenecer? ¿Por qué tu cuerpo no puede dormir junto al mío, si lo quisieras así? ¿Por qué tú me amas con locura y no nos podemos amar? La sociedad es cruel, absurda y sanguinaria. ¡Maldita sea! Caiga sobre ella, que no nos deja amarnos libremente, nuestra maldición.

¿Qué importa que haya diferencia de clases si nosotros somos una sola alma? ¿Qué importa que tu familia sea infame y esté prostituida tu madre si tú eres pura y eucarística…? Mi pecho quisiera estallar y muchas veces llamo a la muerte… pero no puede ser… La sociedad nos separa y nos mata… Tu alma siempre me guiará, tus ojos estarán en los míos hasta que estos se queden sin luz. Tu corazón será mi estrella de inspiración… No pienso más, ¿para qué…?

Seguiré consumiéndome y apagándome por ti… Pero muy dulcemente, muy exquisitamente… Y Chopin será la hoguera en que yo arroje mi corazón… Por eso yo, que tanto te quiero, huyo de pensar en ti…

Federico García Lorca
23 de enero

ESTADO SENTIMENTAL [II]

Extravío

Si algo se oye, es una queja de voz de cristal. Si algo se mueve, es un rosal. Si algo se ve, es un verde trágico. Vagos temblores de pupilas extrañas pasan por mi cabeza y me producen mareos eléctricos. Todo esto es raro y delicioso y mi alma se apaga y mi corazón se duerme… El sueño y la muerte son el descanso ansiado de espíritu… El sufrimiento de mi corazón tronchará el floripón de mi vida inútilmente… El sopor y los vagos colores del interior de mis ojos me producen a veces bienestar… Por eso me envuelvo en sus alas de misterio y sueño por olvidar… Si algo se oye es un acorde de piano perdido en la sombra. Si algo se mueve es mi corazón. Si algo se ve es la inmensidad vacía… y así, sin pensar en pensar, me adormilo y floto en las aguas tibias de la fantasía. Un gran murciélago vuela y se coloca encima de mi cuerpo. Su sombra me da frialdad. Huele a hipocresía y adulación. Abre su boca espantosa y escupe una rosa granate. Mis manos la tocaron y se convirtió en horrible alacrán… ¿Qué es esto…? ¡Amistad falsa e ingratitud…! En el suelo hay floración azulada de humedad… Si algo se mueve, es mi corazón…

Negro murciélago de gelatina y acero que traes en tus alas hiel y desamor, ¿por qué no te apartas de mi lado…? ¡Hermano de Caronte! ¡Hijo del sábado…! Vete y no empañes con tu vaho de fuego las blancas flores de mi amor… Vete y no me arrastres contigo, que no quiero entrar en la cueva de lo perverso… La sombra se hizo más pálida pero su peso era abrumador… Si algo se ve es la inmensidad vacía… El sueño tiene incoherencias y modulaciones a lo Debussy que al resolverse producen color y temblores de luz. Los colores son pálidos y serenos. Los rosas y los dorados casándose formaron la luz solar. En lo inmenso se vieron árboles y agua. Era una alborada virginal. ¿Quién se acuerda del murciélago…? (Pero la noche llegará)…

Los colores se volvieron más fuertes y viriles y los verdes y los azules pintándose en un torbellino genial formaron la luz de la luna. Era tanta la luz y el color que mis ojos lloraban inconscientes y todo mi cuerpo se transparentaba suavemente. Luz de sol y luz de luna al mismo tiempo era melancolía, fuerza y vaguedad. Olía a felicidad y a carne de mujer rubia.

Todos los colores se movieron y, extendiéndose perezosamente, se colocaron frente a mí. Después se agitaron fuertes y uno de ellos, destacándose de los demás, me envolvió en sus nubes templadas… Y todo lo vi rosa. El paisaje era blanco y angélico. Las mujeres iban desnudas con jarros de oro llenos de leche en las manos. En sus cabellos había azucenas y sus sexos estaban cubiertos por violetas. Los hombres eran de bronce y llevaban lanzas de platino que brillaban con el sol. Las aguas eran tan claras que dejaban ver su empedrado fondo, y el aire al moverse dejaba caer los frutos en sazón y formaba torbellino con las hojas de las flores… Un hombre y una mujer se besaban bajo un emparrado de naranjas… ¿Qué reino es ese tan grande y tan imposible?

Tono rosa

Ese es mi país. Mis nubes dan esa gran fantasía a las cosas. Yo me llamo felicidad, amor, ilusión. Yo soy el color de los novios y de los adolescentes. En mi seno está escondida la arcadia feliz…

El color rosa me va dejando y mi alma ardiente se enfría y mis ojos se entornan con fatiga. El frío se apodera de mi cuerpo y de mi alma. El color azul me posee.

Tono azul [i]

Conmigo no verás nada… porque mi reino es ultraterreno… Yo soy languidez y mármol. Mi seno es el corazón de una muerta virgen. El paisaje no lo verás porque como es tan triste yo lo tapo con mi manto de misericordia. Soy frío y mortecino. A mi lado triunfan los demás colores. Soy lágrimas y desconsuelo.

Es verdad, no sigas y vete, que mi alma respire con libertad. Ya sé quién eres. Mi espíritu te reconoce y te espera ansioso aunque quisiera que no llegaras nunca, por la eterna contradicción. Tú eres la muerte…

Tono azul [ii]

Yo soy la gran verdad…

El frío de mi cuerpo se desvanece y otra vez mi corazón latió con fuerza. Los colores luchaban por poseerme y al fin mis ojos cegaron por una gris claridad. Un malestar se apoderó de mis nervios y mi cabeza se serenó. El paisaje tomó una claridad blanca lechosa y vio lo que se ve siempre en el mundo. Los hombres y las mujeres con su carga de hipocresía y falsedad. Máscaras con risas escalofriantes y en el aire una gran cruz hecha pedazos. Sobre ella un monstruo violáceo con un falo gigante en la mano. Muchos corazones manan sangre, desengañados... y mi cuerpo se estremece de dolor y mi corazón está llorando imposibles. ¿Por qué?

Tono gris [i]

Porque así tiene que ser. A través de mi alma [ves] las cosas como son y la realidad te hace sufrir. Eres un loco enamorado de lo ideal, cuando lo ideal no existe. Eres un corazón que suspira amor y tiene grandes deseos que no puede conseguir. Eres una gran flor sensual falta de agua. Yo soy verdadero e indiferente. Yo caigo sobre las cosas para presentarlas como son. Conmigo no puedes soñar. Sin querer mi alma te comprende y ve que eres cierto y transparente de verdad... pero yo sueño y me olvido de ti.

Tono gris [ii]

Pues yo soy la realidad.

La cabeza me zumba como si dentro tuviera insectos y mi vista se nubla de rojo. Un calor insoportable me abrasa, y entonces veo al paisaje de grana.

Los hombres y las mujeres están desnudos y son grandes, con ojos apasionados. Todos tienen cuernos y rabos. Las flores son negras y el ambiente es fuego. En el aire hay brujas con dientes negros y, en algunos rincones, viejas llenas de lepra dicen el miserere. Casi todos se revuelcan en prados de azabache y al contacto de sus carnes con el suelo se produce un humo eléctrico que huele a azufre. Unas mujeres de coral, dando gritos salvajes, se muerden unas a otras… Mis carnes tiemblan con deseo…

Tono rojo [1]

Mi alma es grande y poderosa. Yo tengo cadenas agradables para ligar a los hombres. El espasmo y el beso son mis hijos. Yo quité la careta imbécil a muchos que son la hipocresía misma. La noche es mi sacerdotisa. Todos los hombres me rinden culto. A los que me aman demasiado los disuelvo en mi roja luz. Dentro de mí están todas las hipocresías y mentiras humanas. Soy agradable y de mi abrazo se han librado muy pocos. Soy el pecado. Soy la pasión. Soy la carne.

Sí, sí, tú eres el eje de todo, sobre ti gira todo, por ti se hace todo…

Tono rojo [ii]

Como que soy la vida.

Mi cuerpo está como si resbalara por una tabla. Hay contracciones nerviosas en mi boca y un sudor me baña la piel. Todos los colores se funden en un solo blanco y la luz que fue espléndida tornose pálida, y así poco a poco se fue esfumando el paisaje… Mi alma se llena de terror. ¿Aparecerá otra vez el negro murciélago del odio y del desamor…? Mi imaginación se va quedando dormida… y si algo se oye son los latidos de mi corazón. Si algo se mueve es él. Si algo se ve es mi fantasía queriendo apresar la verdad única.

Federico García Lorca
Febrero 20, viernes, 1917

ESTADO SENTIMENTAL.
LA PRIMAVERA

Al atravesar el mes de marzo, los corazones que son de amargura y recuerdo sufren las nostalgias de lo que pasó. Al llegar la primavera, el olor de la naturaleza es puñal para esos corazones. Al sentir la alegría y el color, las almas de desengaños son tristes y cálidas… La primavera la siento llegar y de mi espíritu nacen las rosas de pasión que el frío del invierno logró marchitar… ¿Qué traerá en sus alas de esperanzas la primavera? ¿Qué tendrán sus aires para revivir muertos amores? ¿Qué tendrán sus tardes granate para hacer los ojos luz de corazón…? Yo era en el invierno melancolía y pureza… y en la primavera soy todo fuego y recuerdos apasionados… Yo soy puro y sensual. Yo soy un desposeído del Señor, porque en mi corazón se esconde un amor secreto e imposible… ¿Qué tiene la carne cuando se sueña en amores de virginidad…? Es como si una nube toda rosa la envolviera y la tornase blanca con una suavidad y calor de animal recién nacido... Los ojos son de palidez oscura y la boca tiembla como una rosa que se abre... ¿Qué perfume de infinito nos envuelve cuando resucita la muerta pasión? Es un olor de sentimientos hondos. Es el olor de la que se fue, que el corazón tenía en sus cámaras ocultas y que la primavera esparció con ayuda de los recuerdos... Todo lo que antes nos rodeaba adquiere personalidad y nos quiere hablar de lo que vio... En la hora suprema del crepúsculo el cerebro se cierra a los pensamientos y es todo para pensar en lo que es sufrimiento y ansiedad. La voluntad se muere, se mueren las ilusiones, se mueren las luces de vida y solamente viven tenebrosas visiones del mundo, vistas a través del cristal morado del desengaño... Desde la infancia la mujer es algo superior que atrae con fuerza genial... Un beso acariciador de mujer hace temblar a los puros y albos niños sin que ellos sepan por qué... y cuando el gran misterio les abre sus negras puertas... aquellos besos que les dieron son estrellas de amores ocultos que guardan en su tierno corazón... Después, unos ojos son sus ojos y ellos aman. Y la vida es toda de rosas sin espinas y se ríen cuando sienten llorar... pero los ojos en que vivían se cerraron y fueron todos estatuas de dolor... La vida de niños es la vida del cielo, las ilusiones son pequeñas y el olvido anida pronto en el corazón. Cuando se ama por vez primera es uno todo de esperanzas… pero cuando llega la sombra del desengaño se entra en el abismo de la realidad… ¿Por qué no morirán los que nacen con el corazón de fuego? ¿Por qué los tigres de la fatalidad devorarán la ilusión del primer amor? ¿Por qué se sufrirá tan inútilmente en esta red de mentira? Cuando se entierra en el corazón el primer amor entonces es la primera vez que se mira al cielo. Cuando se entierra en el corazón el primer amor los fantasmas del odio cubren el alma y la vida se ve a través de su verdadero cristal… Mi corazón se rebela contra el sufrimiento del amor despreciado. Todo mi espíritu vuela de aquí cuando mira lo imposible… Todo mi cuerpo es desfallecimiento cuando siente los ideales rotos. Mi amor es tan grande y tan de luz que el contacto carnal sería vaguedad y flotar en una atmósfera azulada. Todo lo que hay dentro de mí es puro y de espíritu… Yo soy un soñador que ahora recibe la primera desilusión. Yo soy un apasionado que mira una luz que está muy lejana de la vida. Yo soy uno que nace al hastío… La ilusión de la carne es fugaz y después del desmayo me elevo por encima de todo, cubierto con una capa de luz blanca, y entonces una mano de nácar y nieve me aprieta en el corazón… Mi carne ama a la carne, pero mi espíritu no acompaña a mi cuerpo durante el sacrificio porque está con lo que no muere en mi corazón…

Por las tardes sueño en lo que no ha de volver y al suspirar oigo risas de burla y desprecio… ¿Quién se ríe…? ¿Quién tiene alma de reptil y corazón de nieve? ¿De qué os reís? ¿Quién sois…? Yo os desprecio porque estoy por encima de vuestros pensamientos. Yo soy más grande que vosotros… Vuestros corazones están amasados con indiferencias y vuestros cerebros están envueltos en la red de lo canalla y lo ruin. ¿Quién sois vosotros para fijarse en mí, que soy de amores imposibles? No miradme porque vuestras miradas dan más sufrimiento a mi alma… Pero sin embargo os envidio porque yo sería feliz poseyendo vuestro corazón. Dejadme en paz, dejadme soñar y no turbéis la majestad de la noche con vuestra maldad. Dejadme soñar solo, muy solo en el campo solitario y rodeado de árboles olorosos. ¿Qué os importo yo? ¿Quién soy yo? Continuad vuestro camino y dejad que en el silencio de la noche hable conmigo mismo. En la vida el gran problema es el aislamiento espiritual, porque los hombres son tan crueles que se complacen en turbar y amargar la vida de los que solos piensan y sienten… Hay muchos hombres que se ríen del amor y del arte. Esos son los que alcanzarán la felicidad en la tierra. Los que tienen corazón de fuego y aman con amor verdadero… esos son los que alcanzan el dolor y la inquietud por el más allá. Yo soy de ellos y por eso me apoyo en el báculo del arte para caminar hasta que mis ojos se abran a la verdad. Ahora he bebido las hieles de la primera desilusión de amor y en mi corazón se ha clavado una espina de rosa que lo hará sangrar hasta que deje de latir. Ahora vivo en un sopor dulcísimo que en el verano será fiebre y superstición y que en las tardes de marzo es elevación de sentimientos y manantial de caridad… Todo lo que en mí hay de pasión lo ha despertado la primavera y ahora continúa el gran calvario de dolor que el invierno había apagado con su manto de nieve misericordiosa…

Paisaje de ilusión

Una gran luz violeta. Las sierras como negros y recortados borrones… El cielo cubierto de nubes con transparencia de azul. Las lejanías indefinidas. Un gran camino de zarzas bordeado por cipreses que atraviesan la bóveda marmórea del cielo. El camino es sin fin. En el fondo las líneas de cipreses se besan. El silencio lo cubre todo. Por la senda que no tiene fin avanza un gigantesco hombre desnudo. Lleva los brazos caídos y sus manos apresan con fuerza un violín. En su frente hay una estrella que ciega su esplendor y su cabeza desmelenada se agita suave… ¿Quién será este extraño viajero? ¿Dónde caminará tan solo por ese camino de dolor…? El hombre grande mira a donde no miran los demás. En su mirar hay sabiduría y consuelo… ¿Adónde irá…? Entre los cipreses se oían unas voces de mujer que suspiraban lujuriosas e incitantes. El hombre se paró, las escuchó y llevándose una mano al corazón siguió caminando… Las mujeres comenzaron a llamarlo y se paraba, puesta una mano sobre el pecho, y seguía andando. ¿Quién será? ¿Por qué desprecia la carne? De cuando en cuando cortaba una flor y se oía un gemido. Otra vez se paró y con voz de trueno dijo: «No está ella, su voz no llega a mí». Y andando se perdió en el beso de los cipreses… Cuando se esfumó la figura todo fue de luz blanca. Esa figura grande y extrahumana, ese hombre desnudo que la voz de la carne no lo cautivó, ese hombre que camina lánguido, es el espíritu de los geniales y de los castos… Yo pido al que formó los mares y la tierra que ese espíritu genial y poderoso corte la flor de mi corazón y pueda con él vivir como ansía mi alma, aunque mi cuerpo no lo consienta. Yo pido al espíritu supremo un gran frío que calme el ardor de mi pasión cuando llegue la primavera.

27 de marzo, 1917. Noche

ESTADO SENTIMENTAL.
VISIÓN. SINFONÍA MÁGICA

Cierro los ojos. En la negrura rojiza veo flotar inquietas mariposas extravagantes… Una caraza negra y larga que después se achata. La cara de ensueño se resuelve en mariposas. Cuando con el cerebro persigo alguna, esta se sale de mi cabeza. En cambio, a las que no miro me llaman la atención, revoloteando eléctricamente. Hago presión con la mano en mis ojos y de las yemas de mis dedos salen círculos concéntricos violados que se pierden en la nada. Todo se vuelve fuego. Me aprieto más los ojos y [mis] pupilas se contemplan en sus pupilas. Con el cerebro me veo mis mismos ojos retratados en las yemas de mis dedos… Después, una masa negra que se me viene encima. La cabeza me zumba. El alma de la médula golpea con un martillo de plata mis sienes. El aire que sale de mis narices quema los labios y me los marchita. Mis brazos se caen muertos fuera del diván. Los dedos de mis manos acarician suavemente el raso de la cortina. En el suelo hay rosas blancas y margaritas, entre ellas un melocotón. Su contacto con la carne me produce suavísimos escalofríos. No abro los ojos, no. Ahora voy volando suavemente. Me figuro que voy sobre las espaldas de dos rubias desnudas. Ellas me elevan con dulzura. En mi muslo siento la mano de una. En mi oreja, el aliento brujo de la otra. Tengo frío. Los blancos espectros derraman sobre mí el chorro de sus cabellos, que me inunda todo el cuerpo, dejándolo en una tibia penumbra. ¡Delicioso abrigo el pelo de una mujer! Voy boca arriba sobre las espaldas blandas de las diosas. Oigo aleteos, sonar de campanillas de oro con badajos de tibio rumor de agua que cae desde muy alto. Todas las estrellas se encienden en el cielo. Hasta mí llega el sonido de la tierra, sonido desafinado, soez, imbécil. Oigo hablar a los hombres y mis nervios se ponen en tensión. El aullido de mil perros rabiosos sube hasta mí, solemne y lúgubre. Una luz violeta ilumina mi cuerpo desfallecido y lánguido. Abro los ojos y veo entre transparencias de relámpago una mujer blanca y rosa con pelos de nieve pasearse sobre un empedrado de camelias rojas con movimientos de salamanquesa. Su sexo es un sueño de luz. Tiene los ojos más grandes que la boca. Las pupilas, de un color indefinido y misterioso. Las pestañas, blancas y muy largas. Los labios son de fuego y muy gruesos. La lengua es estrecha y muy larga. Con una mano sostiene un corazón de luz roja. Con la otra se acaricia dulcemente los pechos pálidos. Las mujeres rubias que me elevan se paran en el vacío. Un violonchelo gigante, oculto en el alma de la noche, solloza una canción de corazones que fueron. Al sonar el violonchelo, los cabellos de la mujer-sueño se agitaron estremecidos. Una rana de terciopelo y esmeraldas saltaba por las camelias. Me levanté apoyando una de mis manos en un hombro cálido y grité con voz viril: «¿Quién eres?». Una voz amasada con esencias de flores campestres me contestó: «Soy la vida, soy el amor, soy la diosa voluptuosidad. Yo poseeré el reino de la tierra. Mi marido es el espíritu humano. Cuando los hombres sepáis de […] ocultas, entonces me poseeréis. Hoy anido en muy pocos…». El violonchelo acompañó este recitado… La figura se disolvió en polvo dorado. La luz de la estrella, que era violeta, tornose amarilla, las camelias se cerraron marchitas, la rana perdiose por una boca de luz. El violonchelo quedose mudo. Olía a claveles de abril. Mis dulces sostenes se esfuman, caigo vertiginosamente, arrastrado por un torbellino morado. Por mis ojos pasa una ráfaga negra.

* * *

Doy un golpe en el suelo. Mis dedos estrujan las rosas y las margaritas que había en él. Mis dientes se clavan en el melocotón áspero. Un espasmo recorre todo mi ser. Mi boca muerde con furia el fruto. En su carne fresca y dorada dejan mis encías manchas de sangre tibia. La cabeza me quema. Para calmar el ardor, la restriego por las rosas húmedas. Me he caído del diván. Los pies los tengo sobre un cojín donde hay bordadas uvas, peras y una niña vadeando un arroyo descalza. Me embriaga el olor de las flores… Mi nariz está apoyada en el cuenco de una rosa… Mis sentidos se van… Vino… No veo… Vino antiguo… Sonar de violonchelos.

Segundo tiempo: el caos, lo infinito

Estoy en las tinieblas. Estas se rasgan. Del infinito sale un brazo gigante, me agarra por la cabeza y me levanta en vilo, méceme suavemente y después me suelta sobre un estanque de aguas verdes.

Al caer en el agua todos los cisnes huyen asustados. Puedo respirar pero no, no me atrevo a abrir los ojos por temor de que el agua los ciegue. Oigo una música nerviosa y sensual. A mis piernas se arrolla algo. Me horrorizo… Abro los ojos. Lo que yo me figuraba: culebras con unos brazos de mujer. A mi alrededor nadan muchas. Son azules, tienen los cabellos verdes. En el fondo del estanque, entre tritones y peces de colores, bajo una cortina de musgo, está sentada la reina de las ninfas. Por cetro tiene una caracola amarilla. Los brillantes de su diadema son estrellas. En el techo transparente se reflejan unos monstruos con rabo y cuernos de oro… Son los faunos que esperan a que las náyades salgan a solearse para revolcarlas en los juncos de la orilla. Las paredes de este mundo ideal son terciopelo verde. Marañas de helecho purifican el agua, moviéndose como incensarios. Este cielo tiene en vez de estrellas flores de loto. La náyade que me aprisionó en sus brazos traidores juguetea conmigo; las puntas de sus senos me cosquillean las espaldas. Entona una canción hipnótica. Otra náyade la acompaña con una lira hecha de riscos con serpientes por cuerdas. Me rodea una nube de mujeres; todas me pellizcan y cantan bajo. Sus voces son dulcísimas. Me empujan hacia una puerta de mármol negro. La puerta está guardada por dos serpientes granates; con la cola me dan latigazos. Las náyades me muerden furiosas porque he besado a una de ellas. Me llevan delante de la reina. Está rabiosa; me da un golpe con el caracol y pierdo el sentido.

* * *

Por el balcón abierto entra frío y lluvia. Son las
cuatro de la mañana. Estoy rendido. El genio del
sueño se apodera de mí.

[¿QUÉ HAY DETRÁS DE MÍ?]

¿Qué hay detrás de mí? ¿Qué tiene de muerte en vida mi alma…? ¿Por qué mi corazón siente más de lo humano? ¿Qué dos fantasmas, de agonía una y de vida otra, luchan en mi espíritu? No lo puedo explicar por estar mi alma encerrada en las oscuridades de un laberinto de espíritu. Mi vida y mi pensamiento luchan desesperadamente por arrancar el manto de impureza de mi corazón, pero mi cuerpo, lleno de sangre y de calor, se arroja sobre las llamaradas geniales de la pasión. La pasión devora mi corazón y me llena de tristeza y de melancolía infinita. La pasión es en mí algo que me da muerte y vida al mismo tiempo. Muerte al cuerpo y vida al espíritu. La pasión es en mí perfume eterno, y pasa una y llega otra y todas encuentran nido amoroso en mi corazón. Pero por encima de las pasiones está lo trágico y lo supremo en mi ser. Las pasiones son muertas todas por la gran pasión… Yo amo a las pasiones y las detesto porque mi espíritu es doble… El cuerpo es el ejecutante de las pasiones y muchas veces mi voluntad se despierta entre sus cadenas de sangre y me habla de castidades y de misticismos. El espíritu lo acompaña en su decir, pero el cuerpo se yergue, el corazón se oprime, y la ola de sangre pasional ahoga a la voluntad y al espíritu… La carne de mi cuerpo tiene su gran amiga la fantasía, y entre las dos engendran mis penas y mis visiones de lo que no quisiera ver. Mi voluntad está muerta y por eso soy un náufrago en la pendiente escabrosa del amor. Mis ojos contemplan con ansia lo que no puede ser y mi cerebro es la víctima inmolada por lo imposible… Yo no me detengo ante lo prohibido, sino que me caigo en ello. Yo pienso en el pecado y al pensarlo lo deseo. Yo soy desilusión por no poder alcanzar lo que todo mi ser ansía. Únicamente me salvaría de estos pecados y de esta red de amor… lo imposible. En mí hay muchos problemas, casi todos sin resolución porque son problemas del corazón… ¿Qué tendrá mi corazón? ¿Por qué amará todo tan superficialmente? Únicamente en sus venas guarda lo imposible, pero esto tan solo cuando hay luz de tarde y la música de Beethoven lo dice sangrando… Los amores que yo formo en otras almas los desprecian, contra mi espíritu y contra mi voluntad…. pero manda la carne. Los amores despreciados de mi corazón son los que amo y los que nunca serán míos. Si fueran míos, si mis brazos tocaran sus carnes blancas y perfumadas, si mi boca de martirio bebiera la miel de sus bocas, el odio y el desprecio nacerían en mi alma y amaría a otros. Únicamente lo imposible lo amaría más porque su contacto sería luz y misticismo. Muchas veces mi corazón salta sobre el cuerpo y ama a las estrellas y a las flores, pero en seguida la sensualidad me envuelve en su luz roja. Cuánto daría por que lo que yo tengo que no es mío muriera y dejara vivir a mi espíritu, que soy yo. Las acciones de mi cuerpo las contempla mi espíritu muy alto y soy dos durante el gran sacrificio del semen. Uno que mira al cielo incensado de azucena y de jacinto, y otro que es todo fuego y carne que esparce muerta vida con perfume de verano y de clavel… ¿Cuándo terminará mi calvario carnal…? Pero yo siempre seré así porque la luz que da frialdad a mi cuerpo está lejos de mí. Esa luz es ojos y boca que nunca poseeré… Esa luz es hoy dulzura de otro corazón… Esa luz al no ser mía es mi oscuridad. Todo esto es lo que siento, aquella cosa que pueda sentir así en mi cuerpo y en mi alma. Todo esto es sinceridad de corazón y de espíritu… Todos los días soy lirio pasional y recuerdos dolientes. Todos los días mi cuerpo es más fuego y mi alma más alta… ¿Cuándo alcanzaré felicidad y amor de verdad…? ¿Cuándo seré limpio

de amor trágico y de corazón? ¿Cuándo amaré a lo
que me ama?

INVOCACIÓN

¡Jesús! ¡Jesús! ¿Dónde caminas, Jesús? Perfúmame
con tu aliento de amor. Jesús, mírame con tus ojos
de infinito. Jesús, envuélveme en tus piedades y en tu
corazón. Tú que eres todo luz y suavidades de ultra-
tumba. Tú que eres todo pálido y humilde. Tú que
eres lo supremo y el principio de todo. Sálvame y
tócame con tu mano misericordiosa para que sea mi
corazón lo que desea mi alma.

ESTADO DE ÁNIMO DE LA NOCHE DEL 8 DE ENERO

¿Por qué soy yo así? ¿Qué pasa por mí? ¿Qué dos cosas grandes hay dentro de mí? ¿Por qué existen? Todo esto no se puede resolver ni explicar. ¿Qué es el deseo…? Yo soy un hombre hecho para desear y no poder conseguir. ¿Qué tienen los labios de las mujeres? ¿Por qué su contacto me hace morir? Sin contestación.

¿Qué tienen mis ojos que saben mirar? ¡Deseos! ¡Deseos! Vosotros me consumís lentamente… Yo creo, por la poquísima experiencia que tengo de la vida, que si yo consiguiera todo lo que ansío fuertemente, me desesperaría… Con el cerebro lo veo conseguido y me anonado. ¿Por qué?

Pero, sin embargo, el deseo es maravilloso. La tensión nerviosa que produce es inmensa… Un hombre con deseos vehementes demuestra tener mucho espíritu, aunque la mayoría de las gentes digan lo contrario. Los sátiros eran magníficos. La carne por la carne me espanta. El espíritu por la carne es lo ideal. Hoy tengo un deseo. Lo caliento y pasa de mi imaginación y así siempre. ¡Ah, pero los deseos espirituales! Esos son los que me consumen. Mi espíritu es amplio. Yo amo. Yo deseo. Pero mi deseo gigante, tengo la completa seguridad de que nunca lo conseguiré… Y esto me hace morir de nostalgias, llorar de angustia y retorcerme de desesperación… ¿Qué me pasa? ¿Qué deseo inmortal me invade? ¡Ah, tu alma de espuma! ¡Tus ojos azules! ¡Tus carnes doradas! ¡Tus cabellos rubios…! El problema es horrible para mí. ¿Te amaría después de poseerte? Yo creo que sí… porque tú representas la vida mía… Pero ¿y si poseyéndote te desprecio…? No. No. No tengo salida. Las cadenas del más allá se han cerrado para no dejarme pasar… El deseo mío es ardiente a ratos, a otros es callado, sentimental y sano de sensualidad. ¿Cuál triunfaría? Lo imposible está delante de mí. ¿Lo desearé por eso mismo de ser imposible…? Mi alma está en peligro. Mis ojos miran hacia dentro. El frío de la noche me envuelve en sus helados mantos. La luz se quiere ir. ¿Qué tienen los labios temblorosos de las mujeres? ¿Por qué suspiramos por lo inmenso si luego de oficiantes del amor no sabremos ser sacerdotes supremos en la mujer ni tener los desfallecimientos que merecen sus encantos…? El deseo es una cosa tan inexplicable como el amor. ¿Qué es el amor? Todos los poetas y filósofos lo han defini-do. ¡Qué absurdo! Definir el amor… Todas vuestras definiciones poéticas y filosóficas son mentiras arti-ficiosas. El amor es un sentimiento sin definición. ¿Cómo nace? No lo sé. ¿Por belleza? ¿Por simpatía? No lo sé. Es algo espontáneo. Yo estoy enamorado y no sé de qué me he enamorado, cómo me he ena-morado, ni por qué me he enamorado. ¿El deseo es la llama del amor? No. Si el deseo enciende el amor, ya no hay tal. Yo no deseo a los que amo, y deseo a los que odio. ¿Por qué? No lo sé. ¿Tiene explicación? No creo que la tenga… Pero sin embargo las llamas del deseo me agostan la vida y la juventud… ¿Qué tienen los labios de las mujeres…?

EL CORAZÓN. ESTADO SENTIMENTAL

La tarde es conmigo. No sé dónde ir ni dónde caminar, porque mi alma está ahogada y mi cuerpo desfallecido. Por mi cerebro está pasando la roja visión del verano feliz… y una sonrisa y un echar de cabeza sobre mi hombro de la no poseída… Las gentes están alegres, las niñas cantan gozosas, la naturaleza es color heliotropo y púrpura, y mi corazón de fuego se marchita, sediento de amor y de ansiedad. Con el frío los claveles y las violetas no huelen… Sin embargo, el aire me trae en su alma olores de la que nunca será mía.

Las calles estrechas y aristocráticas están en un hondo sopor. Por ellas salgo al campo que está abrigado por sus mantos de niebla. En el cielo hay largas nubes de ámbar gris, entre ellas oscuras manchas granates que parecen soles apagados. El agua ha quedado aprisionada entre cristales de hielo… ¿Qué habrá más allá? ¿Qué será de mi alma…? Los cipreses lánguidos y tristes se mueven como si quisieran contestarme. Las hierbas y las flores sin vida se aprietan unas contra otras, prestándose calor… El aire me trae olores de imposible. La luz se va a morir… Mi alma no cabe en mí. El corazón habla consigo mismo. Del fondo del horizonte borroso veo un viso blanco que se acentúa y se convierte en nube que, después, se esfuma en suspiros. Los negros cipreses me quisieran hablar, pero mi corazón no los escucharía… La negrura llegó y lo envolvió todo. Todavía en las lejanías el sol suspira fuego. La noche empezó a cantar. Mis ojos no miran a ninguna parte. Un éxtasis se apodera de mí y me hace temblar apasionadamente. Mi corazón se mustia como una rosa sin agua, mis manos abiertas dejaron escapar los libros. Por mis oídos pasa rumoroso y exquisito un andante de [Friedrich] Kuhlau dicho por la que nunca más besaré… Yo no estoy en el suelo ni en el aire porque mi alma está más allá. El amor, cuando hiere fuerte, mata. Una soñolencia me llena todo el cuerpo… El espíritu de la que nunca poseeré está flotando en la niebla… Las sombras simulando gigantes terribles se ríen de mí… El campo se ha dormido y la ciudad también… Andando, andando, vuelvo a ella… Al pasar por las huertas los perros ladran. En las calles no hay gente. Mi casa tiene la puerta abierta y por ella entro a dormir, si el sueño me quiere esta noche… Pero mi corazón se está quedando sin sangre y mis ojos no miran sino a la que no puede ser mía… El frío está azotando a la ciudad y cubriéndola de una gasa de nieve… Un reloj dijo algo solemnemente… Las luces se iban a morir. Un coche y unos gritos alegres pasaron por la plaza. El silencio iba extendiéndose por la ciudad… Pero mi corazón se está marchitando falto de besos y se morirá una noche de estrellas sediento de amor…

Federico García L.
Enero 1918
Granada, 22

MARIO OBRERO[*]

Epílogo

ACUDIR A LA MADRIGUERA

Cuando el 27 de agosto de 1933 La Barraca llegó al pueblo oscense de Ayerbe, el público absorto con la función escucharía, contenido en el nombre del señor director, una madriguera. En aragonés, *lorca* significa «madriguera» como en català *lloriguera* mantiene la misma raíz. El poeta granadino nace con la señal del cobijo, la intimidad, también con el espacio agazapado de aquellas vivencias prófugas a la convención.

Son estos textos de juventud madriguera de muchas conciencias que García Lorca desplegará durante su corta vida. Ese Quico al que le cayó un rayo, el que se asombra con las heridas del arado que desvelaban mosaicos romanos entre el bancal, ese hijo

• Mario Obrero (2003) es un poeta getafense. Ha publicado varios poemarios, entre ellos *Cerezas sobre la muerte* (2022, ganador del Premio Nacional de Juventud en la categoría de Cultura) y *Tiempos mágicos* (2024), y el ensayo *Con e de curcuspín* (2025), una carta de amor a la diversidad lingüística de nuestro país.

de maestra que pedía echar los huevos a la cazuela «cuando se ría el agua» es aquel que en la matriz de su escritura acude a la memoria porque «los recuerdos […] son en mí un apasionado tiempo presente». No es una apelación meramente bucólica, el pasado supone para Lorca más que una vitrina sin pulso. Si la memoria brota en la escritura es porque las grandes conciencias —la muerte del pastor, el amor que revive las imágenes sin nombre— otorgarán al poeta una responsabilidad y un afecto. Compromiso con los desaparecidos (profética empatía de uno de los dos mil ciudadanos asesinados en el barranco de Víznar) porque «un muerto en España está más vivo como muerto que en ningún sitio del mundo». Cariño que latirá años después cuando en 1931, en la *Alocución al pueblo de Fuentevaqueros,* profiera «un saludo a todos, a los vivos y a los muertos».

Como doblez de la memoria surge la conciencia de clase. También es Federico «el hijo del amo», ese infante «con una capita roja con su cuello de piel negra» que mira la lumbre entre criadas y jornaleros. «La estética de las cosas diminutas» será mucho más que un ornamento en la vida de García Lorca, estas palabras del poeta se alinean con la pobreza, la carencia de condiciones materiales que no es ajena para el privado de un amor comunicable, también para el falto de vida ante los pistoleros fascistas. Si en su juventud manifestaba que «los hogares pobres de los pueblos son nidales de sufrimiento y vergüenzas», semanas después de la Revolución de 1934 declarará a la prensa una idéntica comunión con la clase obrera y campesina: «en este mundo yo siempre soy y seré partidario de los pobres. Yo siempre seré partidario de los que no tienen nada y hasta la tranquilidad de la nada se les niega».

Similar negación atraviesa la juventud del poeta. Acercarse a lo vulgar (lo popular, aquello que pertenece a la esfera colectiva a pesar de la pátina peyorativa con que se carga al término) no tiene que ver solo con una adhesión a la mayoría social, sino también con un hermanamiento hacia lo pagano. María Moliner recordaba la etimología de «pagano» como aquello que viene «del latín *paganus,* aldeano, de *pagus,* aldea [...] por la resistencia del medio rural a la cristianización». Esa resistencia hereje lleva a agrupar en una misma balanza historias «de cosas religiosas y de duendes y santos», encontrarse en la mujer que reza «por el peso augusto de una vida futura» una otredad que funda la visión del poeta. La apostasía radica en el despertar sexual del niño que procura el «taparse unos con otros» mientras juega a lobicos. Ese ensayo del peligro que desemboca en el roce de los que temen juntos, el consuelo imposible en la cotidianeidad «cuando algún niño en su lucha por esconderse me tapaba con su cuerpo». Como los niños que en «El rey de Harlem» machaban ardillas en los montones de azafrán, la fiereza y la violencia pueden acoger los titubeos del palomo cojo que palpa por vez primera el deseo apócrifo. Así, empieza el mareo de la sexualidad, interferida siempre por dudas y balbuceos. La madeja entre norma y disidencia reluce en los bandazos sentimentales del poeta: «pienso en el pecado y al pensarlo lo deseo», pero «vete y no me arrastres contigo, que no quiero entrar en la cueva de lo perverso…». En ocasiones «soy más grande que vosotros… Vuestros corazones están amasados con indiferencias y vuestros cerebros están envueltos en la red de lo canalla y lo ruin», aunque también «oigo hablar a los hombres y mis nervios se ponen en tensión». La lucidez marica brota orgullosa cuando «yo quité la careta imbécil a muchos que son la hipocresía misma», pero la culpa también acecha a aquel que ama a las pasiones pero las detesta porque su espíritu es doble. Duplicidad de la norma y el deseo, el credo y el paganismo, disforia de quien se poda la mirada y encuentra «el dolor de amar, ser amado y no poder unirse mi corazón con su corazón por las espantosas conveniencias sociales…». ¡Cuánto dicen esos puntos suspensivos! Con el abismo de cualquier infancia *queer,* la marejada de pulsiones y represión acaba siempre por desestabilizarse para enunciar que «yo amo. Yo deseo». La conveniencia social se sustituye por la sensibilidad social, abrazo al paganismo que permitirá a los *Sonetos del amor oscuro* reclamar lo prohibido: «que lo que no me des y no te pida | será para la muerte que no deja | sombra por la carne estremecida».

Si quedase alguna duda prendida a los corsés del canon más reaccionario, estos textos demuestran con clarividencia que García Lorca, sí, es un autor político. Aquel que fue declarado ante el servicio militar «inútil total» es de absoluta utilidad para acompañar y nombrar el sufrimiento de un mundo desprovisto de pan y libros. Escoge Lorca acudir a la madriguera de los derrotados antes que acompasarse con «los que tenían el corazón de piedra», que vale tanto para el asesino como para el banquero, los privilegiados ciegos de poder que no vislumbran la otredad mayoritaria que funda y trabaja el mundo. Aquí también el poeta eleva, como años después en *Poeta en Nueva York,* su consigna: «yo denuncio a toda la gente | que ignora a la otra mitad, | la mitad irremediable».

En un día de inicios de junio, cercano al cumpleaños de Lorca y con calor mesetario en el cuerpo, abro para añadir una cita a este epílogo la edición de *El público.* Lo hago en la biblioteca de mi universidad, la María Zambrano. Cuando cruzo las páginas, una frase subrayada por algún lector grita en medio de la sala de estudio: «¿es que Romeo y Julieta tienen que ser necesariamente un hombre y una mujer para que la escena del sepulcro se produzca de manera viva y desgarradora?». Pienso en quién resaltaría ese monólogo, en qué impureza tendrían sus manos, pienso también en Zambrano cerciorando desde su madriguera libresca: «a veces, unas cuantas palabras ignoradas alcanzan un eco que resuena por espacio de siglos». El eco lo recoge el joven Lorca, que decía en su «Extravío» de 1917: «Un hombre y una mujer se besaban bajo un emparrado de naranjas… ¿Qué reino es ese tan grande y tan imposible?».

Frente al reino ordenado, Lorca es siempre la madriguera republicana de las estrellas, los carámbanos y las niñas que charlan a la puerta del hogar. Y eso que no cabe, correteando entre los sacos de fruta y remolacha, es también la música que Quico García Lorca, diminuto y enorme, susurra en estas páginas.

Índice

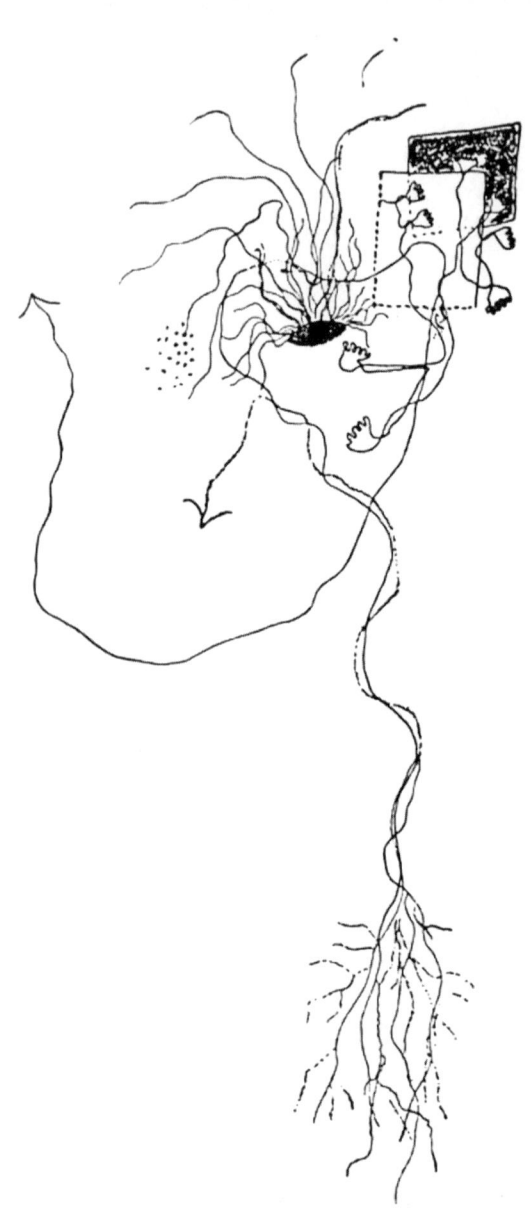

Si muero,
dejad el balcón abierto.

Federico García Lorca